꽃길만 걸어요

유은순 시집

꽃길만 걸어요

두엄

■ 3집을 내며

은행나무 끄트머리에 가을이 앉았다.
해마다 오는 가을이지만 올가을은 더욱 반갑다.
작은 들꽃들이 시를 쓰게 하고
발걸음을 멈추게 한다.
젊은 시절의 가을을 떠올리면 추억만으로도 배가 부르다.
그때의 기억들로 인해
지금은 꽃길을 걷는 것처럼 세상이 아름답게 보인다.
나이가 들어간다는 것은
아마도 세상을 보는 눈이 생겼다는 것 일 게다.

가을은 해마다 와도 지겹지 않은데
3집을 내면서 조금은 지루함을 느꼈다.
시적 이미지에
변화를 주지 않은 것에 약간의 고민이 따랐다.
대부분의 지인들이 앞서 출판한 시가
짧고 읽기 쉽고 공감이 되어서 좋다고는 말하지만
앞으로도 나만의 스타일을 계속 고집해도 될지 갈등했다.
독자 중에 한 분은 본인이 시 한 편을 외우면 언젠가

내 앞에서 꼭 낭송을 하고 싶다며 산청에서 연락이 왔다.

지난여름 얼마나 더웠든가
시詩 쓰는 일도 휴가가 있다면 잠시 쉬었다 쓰고 싶지만
안부를 묻는 지인들이 있어서 멈출 수가 없었다.
늘 격려와 칭찬으로 희망을 주는 주변 분들께
감사의 마음을 전한다.
한 분 한 분께 나의 시가 위로와 웃음이 되어
모두 꽃길만 걷기를 응원한다.

2025년 가을, 세 번째 시집을 내며
유 은 순

차례

제1부 _ 내 인생의 봄날
■

제2부 _ 소소한 행복
■

제3부 _ 좋은 날 온다

■

제4부 _ 꽃길만 걸어요

제1부

내 인생의 봄날

함박눈

시댁 가기 싫은 줄
어떻게 알았을까
밤새도록 내 걱정을
싹 덮어 놓았네

배추

마당 가에
배추 몇 포기 심었더니
달팽이도 오고
애벌레도 온다

잘 자라라고 힘내라고
햇볕도 내려 온다

나이 들면

꽃을 봐도

설레이지 않을까봐

걱정했는데

나이 드니

시든 꽃도 예쁘다

봄 3

봄이 사뿐사뿐 오네

꽃봉오리 놀랄까 봐

발뒤꿈치 들고 오네

호박 모종

애호박 열리면

동글동글 썰어서

호박전 구울까

조물조물 무쳐서

비빔밥에 넣을까

생각만 해도

내 얼굴엔 벌써

달이 뜬다

내 인생의 봄날

남들은

이십 대로 돌아가고 싶다지만

나는 지금이 좋다

가진 것 없어도

꿈이 있어서 행복하고

차 한 잔 나눌 수 있는

이웃 있으니

지금이 제일 좋다

귀찮은 일

자다가 화장실 가기

양치질하기

머리 감기 등등

아직은

사람들이

나를

시인이라 부를 때마다

나는 봉숭아 꽃잎 뒤에

꼭꼭 숨고 싶다

말 한마디

아무리 추운 겨울이라도

사랑해요

이 한마디면
꽁꽁 언 마음도 녹인다

하루

빨래하고

청소하고

차 한잔하다 보면

하루가 봄 같이 간다

밤 열 한시에

다이어트 한다고

저녁을 굶었더니

잠이 안 온다

에라 모르겠다

라면 하나 끓였는데

아들도 나오고 딸도 나오고

남편까지 나온다

비 오는 날

평소에는 빈 택시가

줄을 서서 다니더만

내가 세우려 하면

십 분을 기다려도 안 온다

봄이 오면

꽁꽁 얼었던 시詩가

감꽃처럼 열린다

울 엄마

딸래미

살쪘다고 맨날 걱정하시면서

밥상 앞에서는 늘

많이 먹어라 하신다

애호박

요놈

참 예쁘게도 생겼다

우리 고향에 뜬 달 같네

납작하게 구워서

울 아버지 막걸리 안주하면

딱 좋겠네

어머니 마음 4

바지가랭이에

가난을 달고 다니던

시절도 아닌데

팔순 어머니는 볼 때마다

밥 먹어라

맛있게 먹어라

한 숟가락 더 먹어라

어머니 마음 봄볕 같다

할머니의 행복

할머니는 손자만 보면
싱글벙글

밥 잘 먹는다고
싱글벙글

그새 많이 컸다고
또 싱글벙글

요즘

시는 안 늘고
술만 는다

비 오는 날 2

며칠 전에

딸 시집보낸 이웃 생각나서

차 한잔 나눌까

감자를 삶을까 하다가

마당에 핀 접시꽃만

한 시간째 보고 있다

주는 사람의 마음

어머니께서

감자를 좋은 것만

골라 주신 것처럼

나도 이웃과 나눌 때

더 예쁜 것만 골라 담는다

주는 사람의 마음은

모두 천사가 되나보다

오십아홉

비 오는 날

찻집에 홀로 앉아 있어도

외롭지 않은

참 예쁜 나이

자식이 뭔고

집에만 데리고 있던 자식들

객지로 보내고 나니

밥은 먹었는지

잠은 잘 자는지

아침부터 걱정이

졸졸 따라 다닌다

보나 마나

초가을 밭두렁에
호박이 낮달처럼 앉았다
울 엄니
자식들에게 하나 더
싸 줄게 생겨서
얼마나 반가웠을꼬

마음이 예쁘면

코스모스 같은 내 친구는

별거 아닌 것에 감동을 잘 해요

늙은 호박도 예쁘다 하고

쭈글쭈글한 대추도 예쁘데요

마음이 예쁘면

다 예쁘게 보이나 봐요

오래 살고 볼 일

꽃에는 관심도 없던 남편이

언제부턴가

장미꽃도 찍어 보내고

찔레꽃도 찍어 보내요

마누라 생각나서 그랬다나요

고향 친구

삼십 년 만에 만난 고향 친구
나이는 먹었지만 그대로다
정겨운 이름
오래된 이야기들
갓 올라온 쑥처럼 반갑다

제2부

소소한 행복

소문

우리 집 김장하는 날

돼지고기 삶는 냄새가

온 동네 사람들 불러들인다

갈치

시골 다녀온 짐을 푼다
신문지에 돌돌 말린
갈치 몇 토막

머리와 꼬리는 떼 내고
통통한 것만 넣으셨다

어머니 생각하면
한여름에도
마음 시리다

수선화

마당에 핀 수선화

해질녘이라 더 예쁘다

혼자 보기 아까웠는데

봄비라도 와 줘서 다행이다

점심

봄 햇살 듬뿍 넣고

밥 비벼 먹자

봄 3

나이 육십은

안 반가운데

다시 돌아온 봄은

보너스처럼 반갑다

세월 참 빠르다

개구쟁이 같던 아들이
언제 이리 컸는고
시골서 가져온 쌀 포대를
베개들 듯 들어 올린다

된장

내 나이가 몇인데
아직도 어머니께
얻어갈 게 남았다

잡초

돌 틈 사이에 뿌리 내린 잡초

그런대로 살 만 한지

한겨울에도 딱 붙어 있네

슬픈 날

친정에 가면

약봉지가 양식처럼 쌓여 있다

약이 없으면 걷지도 못하고

오래 서 있지도 못 한다

엄마는 이제

밥심으로 사는 게 아니라

약 힘으로 사신다

시집(詩集)

나의 이야기들이

살고 있는 집

눈 쓸 듯

새해엔

필요 없는 걱정

안 좋은 생각들

싸리 빗자루로

싹 쓸어 버리자

시(詩)는

어느 날

길을 가다가 만날 수도 있고

꽃을 보다가 만날 수도 있다

잠시 옆에 앉아서

이야기 들어주고

그 마음을

예쁘게 전하면 된다

어머니 마음 5

오전 내내
자식들에게 줄 양식을 싸고도
더 줄 게 없는지 살피시다가
장독대 옆에
들익은 석류까지 따 주신다

소소한 행복

운동하러 가는 길에
나팔꽃이 피었다
친구에게 보여 주려고
가던 길 다시 돌아와
사진을 찍는다
가끔씩 찾아오는
소소한 행복이다

늦가을이 좋아

오솔길 같은 배추밭

낙엽에게 자리를 내어준

공원 벤치 길가에 드문드문

남아있는 가을꽃

온통 내가 좋아하는 것 천지다

겨울이 따뜻하다면

내 옆에

따뜻한 사람들이 있기 때문이다

매화 2

올해도

봄소식 전하려고

한걸음 먼저 오셨군요

나이 드니 2

이삼 년 전만 해도
감기약을 하루만 먹어도 나았는데
지금은 일주일 먹어도 안 낫는다

설날

차례 지내고 남은 음식

큰아들 작은아들

막내꺼 까지

눌러 담으시고

어머니는 빈 광주리에

썩은 귤 몇 개

남겨 놓으셨다

올봄엔

사랑하는 사람에게

고백을 못 했나요

더 늦기 전에

용기를 내세요

꽃들이 응원할 거예요

봄비 온 뒤

뒷산에 산나물

쑥쑥 올라 온다

고사리도 뒤질세라

주먹 쥐고 따라 온다

증상

살구꽃 피면
내 마음이 흔들려요

도둑질도 안 했는데
심장이 두근거려요

봄이 되면
더 심한 것 같아요

의사 선생님
처방 좀 부탁드려요

봄이니까

나와 성격이 다른 친구가
유채꽃을 보며

우와 예쁘다

봄에는 누구나
시처럼 말하고
시처럼 생각하고
시처럼 따뜻해지나 보다

민들레 2

길가에 피었다고
기죽지 마라
넌 어디에 있어도
별처럼 빛나니까

할머니의 배려

옆집 동백꽃이

우리 집 담 밑에 소복하다

이웃에 짐 될까 봐

새벽같이 쓸고 가시는

할머니의 뒷모습

꽃보다 아름답다

제3부

좋은 날 온다

고향의 봄

똑똑

두릅 꺾는 소리

서울 사는 친구에게

보내주고 싶어

아기를 보며

아기들은 배우보다 연기를 잘해요
안아주면 웃다가 배고프면 울다가
엄마 혼을 쏙 빼놓고도
언제 그랬냐는 듯
개나리꽃처럼 잠이 들지요

작은 인연

길을 가다가 우연히 알게 된 부동산 사장님
다른 사람들에겐 정수기 물 받아서 커피를 내주시는데
나에겐 특별히 물을 끓여서 타 주신다며 반가워 한다
작은 배려지만 나도 누군가에게 이렇게 해야겠다

튤립

엄마 생각 나는가 봐

봄 햇살 꼭 안고 있네

제비꽃

어느 봄날
시인의 눈에 들려고
돌 틈 사이
비집고 나왔다

부부싸움

파리채 쓰고

자기가 이불 밑에 넣어놓고

나보고 치웠다고 썽을 낸다

나는 큰방에서 자기는 거실에서

몇 시간째 눈도 안 마주 친다

흥

배고프면 먼저 말하겠지

내가 먼저 말하나 봐라

세상에서 제일 무서운 것

하루가 멀다하고 밭에 나가시는 울 엄니

누가 보면 만석꾼은 되는 줄 알지요

풀은 매고 나면 생기고 또 생겨서

울 엄니는 멧돼지보다 풀이 더 무섭데요

좋은 날 온다

겨울 내내 비어 있던 화분에

민들레 한 포기 들었다

바람 따라

세월 따라 떠돌다가

올봄

집 한 채 장만 했다

자연스럽게

아들딸 온다기에

두 팔이 무겁도록 장을 봤다

하루 종일 씻고 다듬고

울 엄니가 그랬던 것처럼

나도 똑같이 하고 있다

부부로 살다 보니

미용실 다녀온 나를
남편이 쓱 본다

아무 말 없다는 건
나쁘지 않다는 것

노란 호박

한여름 무더위를
참고 견딘 건
봄부터 품고 있던
씨앗 때문 인게야

어찌할꼬

해마다 피는 꽃은

갈수록 예쁜데

해마다 오는 봄은

갈수록 짧구나

방울토마토

태풍에

잘 견뎌줘서

고맙다

예쁘다

애썼다

아버지의 손

손톱 밑에 기름때 끼고

굳은 살 배겨도

나에겐 참 따뜻한 손

나에겐 참 고마운 손

육십 되고 보니

나 젊었을 때 어른들께서
건강은 젊을 때 지켜라
나이 들어 고생 한다

하시던 말씀
이제 다 이해가 되네

휴가 때

여름 손님은

범보다 무섭다는데

자식들 차가 마당에 들어서자

울 엄니 얼굴이

참깨꽃처럼 핀다

요것들 보고 있으면

화분이 놀고 있어서
오이 고추 토마토 심었다

아침 햇살 따라 올라오더니
꽃피고 열매 맺었다

오며 가며 요것들 보는 재미에
돈 없어도 행복할 수 있다는 걸
느끼게 해 준다

나를 칭찬해 주기

육십 년 동안 나를 보고 살았지만
한 군데도 예쁜 곳이 없다
하루는 거울 보며

이만하면 됐지
잘 살았다

나를 칭찬하고 보니
이제는
눈가에 주름도 예뻐 보인다

오늘 같은 날

아침부터 굵은 비가 내려요

소리도 제법 뾰족하게 들리고요

이런 날은 꼼짝도 하기 싫어요

우체국에 택배 보낼 게 있는데

내일로 미루려고요

배추전 몇 개 구워서

막걸리나 한 잔 해야 겠어요

낮술이 진짜 맛있거든요

가을걷이

고구마면 고구마

배추면 배추

울 엄니 농사는

어디 내놔도 안 빠진다

그리움

마늘 있나
고춧가루 있나

뭐가 그리
줄 게 많은지

어머니의 가을이
메밀밭에 일렁인다

고구마 2

땅속에서도

건강하게 자라주어

더 예쁘고

더 사랑스럽다

김장

어머니는 허리가 아파도
아플 시간이 없다
자식들 먹일 생각에
정성을 하늘만큼
땅만큼 넣었다

그냥 해 본 말인데

땀을 많이 흘려서
입맛 없다고 했더니
아들이
아르바이트한 돈으로
국수 한 그릇 사 주었다

또
시 한 편 얻었다

고향

팔월 땡볕이 징그러워

갈까 말까 망설이다가

새벽 네 시에 집을 나섰다

부지런한 농부들은 벌써

지게에 옥수수를 얹는다

가뭄에 살아남은

호박 가지 깻잎

보따리가 삐져나오도록 담았는데

어머니는 자꾸

더 가져가라 하신다

땀을 비 맞듯 흘렸지만

시간을 쪼개서 오길 잘했다

주인은 따로 있다

처마 밑에

풍경처럼 달아놓은 곶감

골목 뒤안길에

추억같이 엮어 놓은 시래기

주인장 혼자 먹으려고

걸어놓은 건 아니겠지

제4부

꽃길만 걸어요

농부의 봄

감자 심고 산나물 뜯고

뒷산에 진달래가

비단 같이 붉어도

허리 한 번

펼 시간 없는 봄

어머니 마음 6

감기에 걸려도 걱정

땀을 많이 흘려도 걱정

어머니는 자식 걱정을

하루도 눈에서

놓아 본 적 없다

가을이 좋아

올해는 감도 풍년이고
호박도 풍년이다
손님이 찾아와도
나눠 줄 게 많은 계절
가을은 어머니처럼
이것저것 다 내놓는다

고맙다 흙아

여름 내내

사랑으로 품어준 덕분에

고구마가 토실토실하다

우리의 겨울이

쓸쓸하지 않겠다

꽃길만 걸어요

꽃을 보면
예쁘다는 생각은 하지만
돈 주고 사기란 아깝지요

이제 망설이지 마세요
나이 들수록
내가 나를 사랑해야죠

오늘 나를 위해
꽃을 선물해 보세요
분명
좋은 일 생길거예요

가는 세월

하루도 잘 가고
일 년도 잘 간다
장독대 위에
내려앉은 세월도
마음은 늙지 않았겠지

생일 선물

단풍 구경 못 간 줄

어찌 알고

비 오는

아스팔트 웅덩이에

가을을 넣어 놓았다

어머니의 발자국

무밭이 꽃길 같다
얼마나 가꿨는지
풀 한 포기도 귀하다

잘 여문 배춧잎 사이로
어머니의 세월이 보인다

사랑으로

텃밭에 열린 가지가

자식처럼 예쁜 건

해님과 바람이

사랑으로 키운겨

세상살이

친구 딸래미 결혼식 날

내 딸 시집보내는 것처럼

눈물이 난다

기쁜 일 슬픈 일 겪으면서

아직도 내 마음은

둥글둥글 자란다

미안해

두 달 전부터 아들이

떡볶이 먹고 싶다 했는데

귀찮아서 그냥 시켜 주었다

두고두고 마음에 걸려

치즈떡볶이 해 놓았더니

교복도 안 갈아입고

땀을 흘리며 먹는다

엄마가 되가꼬

자주 해 주지도 못했네

잘 될거야

나이 육십에
취업을 했다

얼마나 좋은지
십 년은 젊어진 것 같다

자신감이
봄처럼 올라 온다

마음을 비우면

대소쿠리 챙겨서
나물 캐러 갔다

고라니가 뜯어 먹고
이파리 몇 개 남았다

그래도 다행이야
이거라도 맛 보게 해줘서

가을걷이 2

울 엄니 마당에
가을이 소복하다
올해도 부지런히
살았다는 표시다

소고기

꽃은 사람을 웃게 하는
힘이 있고
너는 나를 웃게 하는
힘이 있다

힘이 되는 말

기숙사 생활하는 아들에게
전화가 왔다

엄마 사랑해요

엄마가 되어야
누릴 수 있는 행복이다

통화

어머니 주말에 갈게요

전화를 끊자마자
마음은 벌써
대문 밖에 서 계실 게다

묵은김치처럼

찌개를 해도 맛있고

볶아 먹어도 맛있는

묵은김치처럼

우리도

언제 어디에서나

잘 어울리는 사람 되자

응원할게

늦가을에 얼굴 내민

들꽃 한 송이

더 늦기 전에 용기 내길

참 잘했어

남편이 변했어요

여섯 시 내 고향 보다가
복숭아 맛있겠다 했더니
셋째딸 입덧할 때도 못 먹어본
복숭아를 사 왔어요

당신도 좋은 거 한 번 먹어 보시오

감동 멘트에
가격은 묻지도 따지지도 않았답니다

꽃의 힘

내가 네게
말을 한 것도 아니고
니가 내게
말을 건 것도 아닌데
가만히 보고만 있어도
걱정이 반으로 준다

봄 2

마음속에

파릇파릇한 꿈이 있다면

그대는 늘

봄 입니다

봄소식

아버지께서

농기구를 꺼내신다는 건

봄이

대문 앞에 왔다는 것

보약 같은 친구

내가 걱정이 있을 때

힘내
넌 할 수 있어
넌 최고야

라고 말해 주는
친구 있다면

당신은 이미
성공한 사람입니다

벚꽃 앞에서

여보게

꽃만 예쁘다 하지 말고

나도 좀 예쁘다 해 주소

밥상

어머니는
찬물에 밥 말아 놓고
약봉지를 반찬처럼
올려 놓으셨다

도서관에서

아홉 살쯤 보이는 여자아이가
책을 한 아름
안고 나온다
어쩐지 그 모습
복을 안고 나오는 것 같다

꽃길만 걸어요

2025년 10월 25일 초판 1쇄 펴냄

지은이 _ 유은순
펴낸이 _ 라문석
편집장 _ 김옥경
디자인 _ 안소라, 장영도

펴낸곳 _ 도서출판 두엄
등   록 _ 제03-01-503호
주   소 _ 대구광역시 중구 명륜로12길 21
전   화 _ 053-423-2214
메   일 _ dueum1@naver.com

* 이 시집은 2025년 한국예술인복지재단에서
  예술활동준비금을 지원받아 출판 함.